Hubertus Huber

AF176048

DIE
SCHÖPFUNG

AUFLEHNUNG DER GESCHÖPFTE

Copyright 2022,
Autor: Hubertus Huber
Herstellung und Verlag: BoD – Books on Demand, Norderstedt
ISBN: 9783756833160

Das Werk ist urheberrechtlich geschützt. Jede Verwertung ist ohne Zustimmung des Autors unzulässig. Dies gilt insbesondere für die elektronische oder sonstige Vervielfältigung, Übersetzung, Verbreitung und öffentliches Zugänglichmachen.

Alles zur größeren Ehre
Gottes

Für die Jugend der Welt

Der Autor

Hubertus Huber wurde 1938 in Freiburg i. Br. geboren. Sein Religionslehrer war, Dr. Ernst Föhr, der spätere Generalvikar von Erzbischof Schäufele in Freiburg. Dr. Föhr erklärte seinen Schüler: Die Kirche wird immer von Satan angegriffen. „Solange wir die Häretiker (Ungläubige) rechtzeitig ausschalten können, wird sich die hl. Kirche nicht ändern. Wenn das nicht gelingt, wird sie sich zu einer Sekte entwickeln". Das sagte, Dr. Föhr, 1955. 10 Jahre vor dem Konzil. Es gelang nicht, die Häretiker auszuschalten. Eine grosse Schuld am Verfall der Kirche tragen jene, die durch ihr Schweigen, die Häretiker deckten und damit unterstützt haben.

1969, beim Verlassen der Sonntagsmesse, erstmalig am „Volksaltar" und mit Anleitung zur Handkommunion, sagte ein älterer Herr, **„Das ist eine neue Republik".**

Wie meinen Sie das, wollte der Autor wissen? Der Herr antwortete: **„Christus der König wurde gestürzt. Seine Feinde übernehmen die Führung in der Kirche. Sie werden dem Bösen Tür und Tor öffnen"**

Seither beobachtete der Autor den Zerfall der Kirche und hat versucht, diese Entwicklung zu dokumentieren.

Inhaltsverzeichnis

Die Schöpfung

Im Anfang war das Wort (der Sohn Gottes) und das Wort war bei Gott, und Gott war das Wort. Schon im Anfang war Es bei Gott. Durch das Wort ist alles geworden, und nichts, was geworden, ward ohne das Wort. In Ihm war das Leben, und das Leben war das Licht der Menschen. Und das Licht leuchtete in der Finsternis (der Sünde); aber die Finsternis hat es nicht begriffen. Da war ein Mann von Gott gesandt; sein Name war Johannes. Dieser kam als Zeuge; er sollte Zeugnis geben von dem Lichte, auf dass alle durch ihn zum Glauben gelangen. Er selbst war nicht das Licht, er sollte nur Zeugnis vom Licht geben. Das war das wahre Licht, das jeden Menschen erleuchtet, der in diese Welt kommt. Er (Christus) war in der Welt, und die Welt ist durch ihn geworden. Allein die Welt hat ihn nicht erkannt. Er kam in sein Eigentum; doch die Seinigen nahmen Ihn nicht auf. **Allen aber, die Ihn aufnahmen, gab Er Macht, Kinder Gottes zu werden,** all denen, die an Seinen Namen glauben, die nicht aus dem Blut, nicht aus dem Verlangen des Fleisches, noch aus dem Wollen des Mannes, sondern aus Gott geboren sind. Und das Wort ist Fleisch geworden und hat unter uns gewohnt. Und wir haben Seine Herrlichkeit gesehen, die Herrlichkeit des Eingeborenen vom Vater, voll der Gnade und Wahrheit. Dank sei Gott. (Joh. 1, 1-14)

Dieses Evangelium von Johannes, wurde nach jeder hl. Messe, gemäss der Bulle „Quo primum" vom 17.7.1570, des hl. Papst Pius V., gelesen. Nach dem Konzil, wurde dieses Evangelium gestrichen.

Als Kinder Gottes müssen wir Jesus aufnehmen und in Seiner Gnade leben. Jesus bleibt aber nur bei uns, wenn wir Seine

Lehre und Gebote unverändert annehmen. Das Lamm Gottes kann nicht dorthin kommen, wo Satan seine Spuren hinterlassen hat.

Die Erschaffung der Welt – Die Prüfung der Engel, Ehrwürdige Schwester Maria von Agreda

Gott ist die Ursache aller Wesen, ihr Schöpfer. Er wollte die aussertrinitarischen Wunderwerke Seiner Allmacht beginnen, wie und wann es Seinem freien göttlichen Willen beliebt. Moses erzählt davon im ersten Kapitel der Genesis. Da mich der Herr darüber erleuchtete, will ich das hier Notwendige sagen, damit man die Werke und Geheimnisse der Menschwerdung des göttlichen Wortes und der Erlösung vom Ursprung anerkenne.

Im ersten Kapitel der Genesis steht: "Im Anfang erschuf Gott Himmel und Erde. Die Erde aber war wüst und leer. Finsternis lag über dem Abgrund, und der Geist Gottes schwebte über den Wassern. Da sprach Gott: „Es werde Licht!" Und es ward Licht. Und Gott sah, dass das Licht gut war, und Er schied das Licht von der Finsternis. Und Er nannte das Licht Tag und die Finsternis Nacht. Und es ward Abend und Morgen, der erste Tag" (Gen 1, 1-5) An diesem ersten Tag – Moses sagt „im Anfang" - erschuf Gott Himmel und die Erde. In diesem Anfang trat der allmächtige

Gott, in Seiner Unveränderlichkeit verharrend, gleichsam aus sich selbst heraus, um Geschöpfen ein Eigendasein zu geben. Er fing gleichsam an, sich Seiner Geschöpfe zu erfreuen als an Werken, die in ihrer Weise vollkommen waren. Damit die Schöpfungsordnung eine höchst vollkommene sei, erschuf Er vor den vernunftbegabten Wesen den Himmel für die Engel und Menschen, und die Erde zum Wohnort für die Menschen während ihrer Pilgerfahrt. Beide Orte schuf Er so vollkommen und ihren gottgewollten Zwecken so entsprechend, dass David singen konnte: „Die Himmel erzählen die Herrlichkeit Gottes, vom Werk Seiner Hände kündet das Himmelgewölbe!" (Ps.t 18, 2). Die Himmel in ihrer Schönheit offenbaren die Größe und Herrlichkeit Gottes. Sie sind der Lohn, den der Herr im Voraus für Seine Heiligen bereitet hat. Das Universum der Erde zeigt an, dass dort Menschen wohnen und auf ihr zu ihrem Schöpfer wandern sollen. Vor ihrer Erschaffung bereitete Er alles für sie vor und zog das zu ihrem Leben und ihrem Ziel Notwendige aus dem Nichts hervor. Durch all dieses sollten sie sich verpflichtet fühlen, ihrem Schöpfer und Wohltäter zu gehorchen, Ihn zu lieben und Seinen wunderbaren Namen samt Seiner unendlichen Vollkommenheit aus Seinen Werken zu erkennen.

Von der Erde sagt Moses, sie sei wüst und leer gewesen. Das sagt er nicht vom Himmel. Dort erschuf Gott die Engel. Moses deutete es an mit dem Wort: "Gott sprach: Es werde Licht! Und das Licht ward." Moses redet nicht nur von dem materiellen Licht, sondern auch von den Engeln, diesen geistigen Leuchten. Er drückt sich hier nicht klar aus, weil die Juden oft geneigt waren, außergewöhnliche Dingen, mochten sie auch an Würde weit unter den Engeln stehen, göttliche Wesenheit zuzuschreiben. Indessen war das Sinnbild >Licht< für die Natur der Engel sehr bezeichnend, auch im Hinblick auf ihr Wissen und ihre Gnaden, von denen sie schon bei ihrer Erschaffung durchstrahlt wurden. **Zu gleicher Zeit erschuf Gott die Erde und in ihrem Mittelpunkt die Hölle.** Es entstanden nach Gottes Willen sehr tiefe und weite Grüfte für die Hölle, die Vorhölle und das Fegefeuer. In der Hölle wurde ein materielles Feuer erschaffen sowie alles, was jetzt zur Peinigung der Verdammten dient. Darauf trennte der Herr das Licht von der Finsternis und nannte jenes Tag, dieses aber Nacht. Die Scheidung fand nicht nur zwischen Tag und Nacht in der Natur statt, sondern auch zwischen den guten und den bösen Engeln. Den guten gab Er das ewige Licht Seiner Anschauung und nannte es Tag, ewigen Tag. Die bösen dagegen nannte Er Nacht der Sünde und schleuderte sie in die ewige Finsternis der Hölle. Daraus können wir erkennen, wie die barmherzige Freigebigkeit des Schöpfers und Lebendig Machers und die Gerechtigkeit des gerechten Richters sich vereinigen.

Die Engel wurden im empyreischen (Licht) Himmel erschaffen, und zwar im Stande der Gnade. Mit dieser sollten sie sich die Herrlichkeit als Lohn verdienen. Obwohl sie sich am Ort der Gnade befanden, schauten sie doch die Gottheit nicht von Angesicht zu Angesicht, bis sie es mit der Gnade durch Gehorsam gegen den göttlichen Willen verdient hatten. Die guten wie auch die abtrünnigen Engel blieben nur kurze Zeit im Zustand der Prüfung, denn die Erschaffung, Prüfung und Entscheidung erfolgte in drei ganz kurzen Zeitabschnitten. Im ersten Zeitraum wurden alle Engel erschaffen und mit Gnade und den Gaben des Heiligen Geistes ausgerüstet, so dass sie überaus schön und vollkommen waren. Dann folgte eine kurze Weile, in der allen der Wille des Schöpfers kundgetan wurde. **Sie empfingen das Gesetzt und den Auftrag ihren Schöpfer als ihren höchsten Herrn anzuerkennen und so den Zweck ihres Daseins zu erfüllen.** In dieser kurzen Weile entbrannte zwischen dem heiligen Michael und seinen Engeln jener große Streit wider den Drachen und seinem Anhang, den der heilige Johannes im 12. Kapitel der Geheimen Offenbarung berichtet. **Die guten Engel verdienten durch Beharrlichkeit in der Gnade die ewige Seligkeit, die ungehorsamen hingegen verfielen durch ihre Auflehnung gegen Gott der ewigen Pein.**

Nach der Beschaffenheit der Engelnatur und kraft der Allmacht Gottes hätte dies alles ganz schnell im zweiten Zeitabschnitt geschehen können. Ich erkannte aber, dass die mitleidige Güte des Allerhöchsten mit einem gewissen zögernden Verweilen den Engeln das Gute und Böse, Wahre und Falsche, Gerechte und Ungerechte vorstellte, sowie die Bosheit der Sünde und die Feindschaft Gottes, den ewigen Lohn und die ewige Strafe, endlich auch die Verwerfung Luzifers und seines Anhanges. Seine göttliche Majestät zeigte ihnen die Hölle und ihre Peine. Sie haben alles gesehen; denn in ihrer erhabenen, rein geistigen Natur können sie alle geschaffenen, endlichen Dinge, so wie diese in sich selbst sind, d.h. ihrer Wesenheit nach, klar erkennen. In dieser Fähigkeit schauten und erkannten sie vor dem Sturz aus der Gnade klar den Ort der Strafe. Den Lohn der Glorie aber konnten sie auf diese Weise nicht erkennen. Sie empfingen aber eine andere Erkenntnis über ihn und außerdem ein offenbares, ausdrückliches Versprechen des Herrn selbst. Dadurch hatte der Allerhöchste Seine Sache gerechtfertigt und höchst gerecht gehandelt. All diese Güte und Gerechtigkeit aber hielt Luzifer und seinen Anhang nicht zurück. Darum wurden sie als Verstockte gezüchtigt und in die Tiefe der Hölle geschleudert. Hingegen wurden die guten Engel auf ewig in der Gnade und Glorie befestigt. Dies alles geschah im dritten Zeitraum. Damit ist erwiesen, dass außer Gott kein Wesen von Natur aus unfähig ist zu sündigen; denn die Engel sündigten trotz ihrer erhabenen Natur, die mit so hoher Erkenntnis und so vielen Gnaden ausgestattet war. Sie gingen verloren. Wie wird es erst der menschlichen Gebrechlichkeit ergehen, wenn Gottes Allmacht sie nicht beschützt, und wenn der Mensch Gott gleichsam zwingt, Ihn zu verlassen?

Ich wünschte zu wissen, aus welchem Beweggrund und durch welche Veranlassung Luzifer und sein Anhang ungehorsam waren und fielen. Ich erkannte, dass die bösen Engel der Verschuldung nach (secundum reatum) vielerlei Verbrechen begehen konnten, wenn sie auch der Tat nach nicht alle begingen. Jene Sünde aber die sie mit ihrem bösen Willen tatsächlich verübten, erzeugte in ihnen den Habitus, d.h. die Neigung zu allem Bösen. Auch zu jenem, das sie selbst nicht verüben konnten. **Zu diesen Sünden aber verführen sie die Menschen und freuen sich, wenn es ihnen gelingt.** Luzifer geriet damals in eine sehr ungeordnete Selbstliebe; denn er sah sich mit einer höheren Schönheit der Natur und Gnade ausgerüstet als die übrigen Engel. In dieser Erkenntnis hielt er sich zu lange auf, und das Wohlgefallen an sich selber hemmte ihn so, dass er Gott, der einzigen Ursache all seiner Vorzüge, den schuldigen Dank lässig und träge darbrachte. Wiederum betrachtete er sich selbst. Aufs Neue gefielen ihm seine Schönheit und seine Gnaden. Er schrieb sie sich selbst zu und liebte sie als seine eigene. Diese ungeordnete Selbstbetrachtung bewirkte, dass er sich mit den Kräften, die er von einer höheren Macht empfangen hatte nicht nur – nicht, wie er sollte- über sich selbst erhob, sondern sie verführte ihn auch zum Neid gegen andere und zur Begierde nach den Gaben und Vorzüge der anderen. Da er diese für sich nicht erlangen konnte, entbrannte er in tödlichem Zorn und Hass gegen Gott, der ihn aus dem Nichts geschaffen hatte, und gegen alle Seine Geschöpfe.

Aus dieser Verfassung entsprangen Ungehorsam, Vermessenheit, Ungerechtigkeit, Treulosigkeit, Gotteslästerung, ja, sogar eine Art Abgötterei; denn er begehrte für sich jene Anbetung, die man allein Gott schuldig ist. Er lästerte Gottes Hoheit und Heiligkeit. Er verlor den Glauben und schuldige Treue. Er nahm sich vermesslich vor, alle Geschöpfe zu vernichten, und schmeichelte sich, dies und noch manches andere ausführen zu können. In dieser Geisteshaltung verharrte er. Seine Hoffart steigerte sich. Doch seine Vermessenheit war grösser als seine Stärke; denn in dieser konnte er nicht wachsen, doch hinsichtlich der Sünde „ruft ein Abgrund dem anderen zu" (Ps.41, 8)

Der erste sündige Engel war Luzifer, wie uns Isaias im 14, Kapitel berichtet. Er verführte die anderen. Deshalb wird er der Fürst der bösen Geister genannt, also nicht vermöge seiner Natur. Nicht wegen dieser, sondern nur um der Sünden willen konnte er diesen Titel behaupten. Die sündigen Engel sind nicht alle aus einem Chor, sondern aus allen fielen Engel ab, **und zwar viele**.

Jetzt will ich, wie ich es schaute, berichten nach welchen Ehren und Vorzüge Luzifer voll Neid und Hoffart trachtete. In den

Werken Gottes ist alles nach Maß, Zahl und Gewicht geordnet. Darum beschloss die göttliche Vorsehung, den Engeln unmittelbar nach ihrer Erschaffung – also bevor sie sich noch anderen Zielen zuwenden konnten - das Endziel zu offenbaren, zu dem sie erschaffen und mit einer so erhabenen und ausgezeichneten Natur begabt worden waren. Gott erleuchtete sie auf folgende Weise: Zuerst empfingen sie eine sehr eindrückliche Erkenntnis von der Wesenheit Gottes, Seiner Einheit in der Natur, Seine Dreifaltigkeit in der Person. Zugleich erhielten sie den Befehl, den unendlichen Gott als ihren Schöpfer und Herrn zu verehren und anzubeten. Die guten Engel folgten aus Liebe und Gerechtigkeit. Sie unterwarfen sich mit bestem Willen, nahmen gläubig auf, was ihre Fassungskraft überstieg, und gehorchten freudig. Luzifer aber unterwarf sich nur, weil ihm das Gegenteil unmöglich schien, darum auch nicht aus voller Liebe. Er teilte seinen Willen zwischen sich und der untrüglichen Wahrheit des Herrn. Deshalb fand er das Gebot schwer und lästig, und er erfüllte es nicht mit vollkommener Liebe und nicht aus Gerechtigkeit. Darum geriet er in eine Verfassung, die seinen Ungehorsam herbeiführte. Die Lässigkeit und Zurückhaltung, mit der er diese ersten Akte setzte, beraubte ihn noch nicht die Gnade, doch begann hier seine üble Verfassung. Er empfand eine gewisse Schwäche in der Tugend und ein Absinken im Geiste, und seine strahlende Schönheit minderte sich. Meines Erachtens ist die Wirkung dieser Lieblosigkeit und Lauheit jener zu vergleichen, die in einer Seele durch eine freiwillige lässliche Sünde hervorgerufen wird, Damit will ich nicht sagen, dass Luzifer damals schon schwer oder auch nur lässlich sündigte. Er erfüllte Gottes Gebote lau und unvollkommen. Dies war sein erster Schritt zum Fall.

Ferner offenbarte Gott den Engeln, dass er Menschen, vernünftige Geschöpfe einer niedrigeren Ordnung, erschaffen wolle. Auch diese sollten Gott als ihren Urheber und ihr ewiges Gut lieben, fürchten und ehren. Er werde diese Natur überaus begnaden. Die zweite Person der heiligsten Dreifaltigkeit selbst werde Mensch werden und in hypostatischer Union die menschliche Natur mit der göttlichen zu einer Person vereinigen. **Diesen zukünftigen Gottmenschen sollen die Engel nicht nur wegen seiner Gottheit, sondern auch wegen Seiner Menschheit, als ihr Oberhaupt anerkennen, verehren und anbeten.** Als an Würde und Gnade Ihm untergeordnet, sollten sie Seine Diener sein. Zugleich ließ Gott die Engel erkennen, wie geziemend, gerecht und vernünftig diese Unterwerfung sei: Denn die Annahme der vorausgesehenen Verdienste des Gottmenschen habe ihnen die Gnade verdient, die sie schon besaßen, sowie die Glorie, die sie noch besitzen sollten. **Wie alle übrigen Geschöpfe hätten auch sie die Aufgabe, den Gottmenschen zu verherrlichen, weil Er aller Wesen König sei.** Alle vernünftigen Geschöpfe, die der Erkenntnis und des Genusses Gottes fähig seien, sollten Sein Volk werden und Ihn als ihr Haupt anerkennen und verehren. Dann wurde den Engeln das entsprechende Gebot erteilt.

Die gehorsamen, heiligen Engel unterwarfen sich diesem Befehl sofort mit ganzer Willenskraft, mit demütigem und liebeglühendem Eifer. Luzifer aber, voll Neid und aufgeblasener Hoffart, widersetzte sich und trieb die gleichgesinnten Engel an, ein Gleiches zu tun. Auch sie gehorchten dem göttlichen Befehl nicht. **Dafür versprach Luzifer ihnen, dass er ihr Haupt sein und ein unabhängiges Fürstentum gegen Christus aufrichten**

wolle. Neid und Hoffart und unordentliches Begehren verursachten in diesen Engeln eine solche Verblendung, dass er unzählige mit der Pest der Sünde ansteckte.

Nun erhob sich jener große Kampf im Himmel, von dem der hl. Johannes berichtet. Die gehorsamen heiligen Engel entbrannten vor Eifer, die Ehre des Allerhöchsten und die Ehre des Gottmenschen, den sie in einem Gesicht schauten, zu verteidigen. Sie baten um Erlaubnis und Genehmigung des Herrn, wider den Drachen zu streiten. Das wurde ihnen gewährt. - Als allen Engel geboten wurde, dem menschgewordenen Wort zu gehorchen, **empfingen sie als drittes Gebot, jene Frau als Gebieterin anzuerkennen, in dessen Schoss der Eingeborene des Vaters das menschliche Fleisch annehmen sollte.** Diese Frau werde ihre Königin und die Herrin aller Geschöpfe sein und an Gnade und Glorie alle Engel und Menschen überragen. Die guten Engel zeichneten sich durch Annahme dieses Befehles aus. Sie glaubten und priesen in tiefster Demut die Macht und Geheimnisse des Allerhöchsten. Luzifer und seine Anhänger aber erhoben sich infolge dieses Befehls und bei der Offenbarung dieses Geheimnisses mit wachsendem Hochmut. **In tobsüchtiger Wut begehrte Luzifer für sich die Auszeichnung, Haupt aller Engel und des ganzen Menschengeschlechts zu werden.** Wenn dies nur durch hypostatische Union möglich sei, so solle sie an ihm geschehen.

Im Hinblick auf die niedrige Natur der Mutter des menschgewordenen Wortes, U.L Frau, widersetzte sich Luzifer unter schauerlichen Lästerungen. In unbändigem Zorn empörte er sich gegen den Urheber solch großer Gnadenwunder. Er reizte seine Genossen auf und rief: **„Diese Befehle sind unbillig!**

Meine Hoheit wird dadurch beleidigt! Darum will ich diese Natur, die Du mir mit so großer Liebe anblickst und fernerhin noch so reichlich begnaden willst, verfolgen und ausrotten. Dazu will ich meine ganze Macht und List aufbieten. Dieses Weib, die Mutter des Wortes, will ich von der Höhe, auf die Du sie zu erhöhen gedenkst, herabstürzten. Ich will Deine Pläne zuschanden machen!"

Diese aufgeblasene, eitle Hoffart reizte den Zorn des Herrn. Zur Beschämung Luzifers sagte Er: „**Diese Frau, die du nicht ehren willst, wird dir den Kopf zertreten, dich überwinden und zunichte machen. Wenn durch deinen Stolz der Tod in die Welt kommen wird, so wird durch ihre Demut das Leben und Heil der Menschen kommen. Sie werden jenen Lohn und jene Kronen empfangen, die du samt deinem Anhang verloren hast.**"

Luzifer widerstrebte mit tollsinnigem Stolz allem, was er vom göttlichen Willen und Seinen Entschlüssen verstanden hatte. **Er drohte dem ganzen Menschengeschlecht.** Die guten Engel erkannten den gerechten Zorn des allerhöchsten wider Luzifer und seinem Anhang. Sie stritten wider sie mit den Waffen des Verstandes, der Gerechtigkeit und der Wahrheit. Darauf wirkte der Allerhöchste ein anderes geheimnisvolles Wunder. Nachdem Er den Engeln die hypostatische Union der zweiten Person mit der Menschheit durch Erleuchtung geoffenbart hatte, zeigte Er ihnen die allerseligste Jungfrau in einem visionären Bilde. Er ließ sie die reine menschliche Natur in einer höchst vollkommenen Frau schauen. In dieser werde Seine Allmacht viel wunderbarer wirken als in allen übrigen bloßen Geschöpfen, da Er in diese Frau in unvergleichlich hohem

Grade alle Gaben und Gnaden Seiner Rechten hinterlegen werde. Die Schau dieses Bildes der Himmelskönigin und Mutter des göttlichen Wortes wurde allen Engeln, den guten und den bösen, gewährt. Dieses Gesicht erfüllte die Guten mit Verwunderung. Sie sangen Loblieder und begannen gleich, mit inbrünstigem Eifer und dem unüberwindlichen Schild jenes Zeichens bewaffnet, die Ehre des menschgewordenen Gottes und Seiner Allerheiligsten Mutter zu verteidigen. Der Drache und sein Anhang hingegen flammten auf in einem unversöhnlichen Hass gegen Christus und – seine jungfräuliche Mutter. Dann erfolgte, was im 12. Kapitel der Geheimen Offenbarung enthalten ist.

Soweit ein Auszug aus: Leben der jungfräulichen Mutter Maria, von Maria von Agreda, Band 1, Seite 106-114, Miriam Verlag, Josef Künzli, D-7893 Jestetten, ISBN 3-87449-128-5

Wir dürfen nicht vergessen:

1. Die Auflehnung gegen Gott bringt ewige Pein.
2. Luzifer will die Menschen verfolgen.
3. Die jungfräuliche Gottesmutter, wird Luzifer den Kopf zertreten.

Luzifer war, in seinen Werken, sehr erfolgreich und er ist es auch heute mehr denn je. Katharina Emmerich sagte, wenn die Dämonen stofflich wären, würde auf der Erde nichts wachsen, weil die Sonne die Erde nicht bescheinen könnte. Wer an dieser Tatsache zweifelt, kann im Internet ansehen: „Anneliese Michel und die Aussagen der Dämonen". Aufgenommen auf Tonbändern. Hier ein Auszug: :

Luzifer über sich, über andere Dämonen und über die Hölle

1) "Ich bin verdammt, weil ich Gott nicht dienen wollte und wollte selber Herrscher sein, obwohl ich ein Geschöpf war."

2) "Ich war im Himmel, und zwar über dem Rang dessen, der auf dem Tische steht. (= Bild des Erzengels Michael.) Exorzist: "Du könntest bei den Cherubin sein!" Antwort: "Ja, da war ich auch."

3) "Ich bin der Oberste von da unten; der Michael hat mich gestürzt. Jetzt kann ich ihm nichts mehr anhaben. Mir gehört die ganze Hölle."

4) "Ich will mir die Erde erobern. Zuerst mache ich noch reiche Beute. Ich fülle mein Reich. Ich hole, wen ich holen kann, da dürft ihr euch darauf verlassen.

5) "Ich bin der Vater der Lüge."

6) "Ich höre nie zu kämpfen auf. Auf der Welt gefällt es uns viel besser. Ich kämpfe genauso um jede Seele wie der da (= Jesus)."

7) " Wisst ihr, warum ich so kämpfe? Weil ich wegen der Menschen schlechthin gestürzt wurde."

8) " **Wisst ihr, wer heute auf der Welt regiert? Nicht der, der sich auf der Welt geopfert hat! Das bin ich! Den ... (= Nazarener) haben die meisten verlassen. So blöd! Das ist eine kleine Herde, die ihm treu geblieben ist."**

9) "Ich halte nie, was ich verspreche."

10) "Ich bringe euch schon noch durcheinander; ich bin der Diabolus."

13

11) "Ich muss noch mehr aussagen. Wenn die ... (= Gottesmutter) mich nicht so zwingen würde! Das Weib hat mir den Kopf zertreten."

12) "Ich sage die Wahrheit, wenn die ... mich zwingt."

13) "Den Judas habe ich mir geholt. Er steht immer in meinem Dienst. Er ist verdammt. Er hätte sich nämlich retten können. Er ist dem nicht gefolgt, dem Nazarener."

14) "Der Nazarener verzeiht immer, wenn ... . Die (Jungfrau Maria) hat es ihm oft genug gesagt, dass er sich bessern soll."

15) Frage des Exorzisten: "Würde er es wieder tun?" Antwort: "Nein, niemals!"

16) **"Der Judas hat viele Nachfolger."**

17) "Bei uns gibt's keine Ruhe in alle Ewigkeit; Ruhe gibt's da, oben (= im Himmel)."

18) "Wisst ihr, wie es da unten brennt?"

19) "Bei uns ist kein Gehorsam; das gibt's nur da oben."

20) "Bei uns gibt es kein zurück, nie in alle Ewigkeit. Von uns kann keiner zurück. Es gibt keine Liebe; bei uns gibt es nur Hass. Wir haben nie Ruhe; wir bekämpfen uns gegenseitig. Wir wollen auch da hinauf."

21) **"Die Feinde der Kirche gehören uns."**

22) "Der Stolz führt die Menschen ins Verderben."

23) "Wenn die Welt untergegangen ist, werden wir weitermachen.

Dann wird es noch schlimmer werden. Wenn ihr eine Ahnung hättet, wie es da unten aussieht. Die Seherkinder von Fatima haben es gesehen. Wenn ihr eine Ahnung hättet, wie es bei uns zugeht. Ihr würdet Tag und Nacht vor dem ... (Tabernakel) knien. **Ich muss es sagen, weil die Hohe Dame mich zwingt."**

Die Erschaffung des Menschen - die Erbsünde

Das Buch Mose (Genesis) berichtet über die Erschaffung der Erde. GOTT schuf Adam und Eva nach seinem Ebenbild.

Das Ebenbild Gottes, sollte sich von der Tierwelt abheben. Adam wurde zum Herrn der Welt, die Elemente sollten ihm gehorchen, Eva war als seine Gehilfin geschaffen. Und Gott der Herr gebot dem Menschen und sprach: „Du darfst essen von allen Bäumen im Garten, aber von dem Baum der Erkenntnis des Guten und Bösen sollst du nicht essen; denn an dem Tage, da du von ihm isst, musst du des Todes sterben."

Und sie nahm von der Frucht und ass und gab davon auch ihrem Manne, der bei ihr war, und er ass. Gn.3.5

Als Strafe wurden Adam und Eva von Gott auf die Stufe der Tiere gestellt und sie mussten, wie angedroht, sterben.

Zu dem Weibe aber sprach er: „Viel Not sollst du haben durch Schwangerschaft; mit Schmerzen Kinder gebären und doch verlangen nach deinem Manne; und er soll dein Herr sein."

Und zu dem Menschen (Adam) sprach er: „Weil deinem Weibe du gehorcht und gegessen von dem Baume, von dem ich dir verbot zu essen, – **verflucht sei der Acker um deinetwillen!** mühselig sollst du dich davon nähren dein Leben lang; Dornen und Disteln soll er dir tragen, und du sollst das Kraut des Feldes essen. Im Schweiß deines Angesichts sollst du dein Brot essen, bis du zum Acker zurückkehrst, von dem du genommen; denn Staub bist du, und zum Staube musst du zurück." Gn.3 15-19

GOTT bezeichnet **Adam als „Mensch"** und **Eva als „Weib" und Gehilfin.** So steht es im 1. Buch Mose, über den Sündenfall. Berichtet wird nur über die Gebote und die Strafen; kein Wort über die Gründe für das Gebot. Gott hat leider nicht auf einen Tonträger gesprochen. Wir müssen den Erzählern glauben, und es sind viele.

Was sagt der HERR, in seinem Buch, DER GOTTMENSCH; zu Adam und Eva, Band I, Seite 100:

„Ihr kennt alle Gesetze und Geheimnisse der Schöpfung. Aber macht mir nicht das Recht streitig, Schöpfer des Menschen zu sein. Um das Menschengeschlecht fortzupflanzen, genügt meine Liebe, die in euch lebt. Ohne

sinnliche Begier und vielmehr durch den Herzschlag der Liebe, wird sie neue Adame des Menschengeschlechts zum Leben erwecken. Alles gebe ich euch. Nur dieses Geheimnis der Erschaffung des Menschen, behalte ich mir vor."

Satan wollte dem Menschen diese Jungfräulichkeit des Verstandes rauben und hat mit seinen Schlangenzungen liebkosend die Glieder und Augen Evas umschmeichelt, indem er in ihr Gedanken und Empfindungen erweckte, die sie vorher nicht kannte, **weil die Bosheit, sie noch nicht vergiftet hatte.**

„Sie sah" und da sie sah, wollte sie versuchen. **Das Fleisch war erweckt worden.** Oh, wenn sie doch Gott angerufen hätte! Wenn sie hingeeilt wäre, um zu sagen:" Vater, ich bin krank. Die Schlange hat mir geschmeichelt, und ich bin verwirrt".

Der Vater hätte sie gereinigt und geheilt mit einem Hauch; wie er ihr das Leben eingegossen hatte. So konnte er ihr auch erneut die Reinheit einflössen und sie das Gift der Schlange vergessen lassen; ja ihr einen Widerwillen gegen die Schlange einflössen, ähnlich der instinktiven Abscheu, die diejenigen, die von einer Krankheit befallen und geheilt worden sind, gegen dasselbe Übel empfinden.

Aber Eva geht nicht zum Vater. Eva kehrt zur Schlange zurück. Die Empfindung gefällt ihr. **„Da sie sah, dass die Frucht des Baumes gut zu Essen war und dem Auge schön und angenehm erschien, nahm sie dieselbe und ass davon"**

Und „Sie verstand", **nun war die Bosheit in ihren Eingeweiden, um ihren Biss anzubringen.** Eva sah mit neuen Augen und hörte mit neuen Ohren, die Gewohnheiten und die Stimmen der Tiere;

sie begehrte **mit massloser Begierde. Sie hat alleine mit der Sünde begonnen. Sie vollendete sie mit ihrem Gefährten. Deshalb lastet auf der Frau die grössere Schuld.**

Ihretwegen ist der Mann zum Rebell gegen Gott geworden und hat Unzucht und Tod kennengelernt. **Ihretwegen hat er die drei Reiche nicht mehr zu beherrschen gewusst:**

Das des Geistes, weil er zuliess, dass der Geist sich gegen Gott empörte;

das des sittlichen Verhaltens, weil er gestattete, dass die Leidenschaften ihn beherrschten;

das des Fleisches, weil er es zu den instinktiven Gesetzen der unvernünftigen Tiere erniedrigte".

Adam und Eva raubten dem Vater, das Geheimnis der Erschaffung des Menschen. Das war die Erbsünde. Die Strafen war der Tod, der Verlust der Herrschaft über die Elemente, die schmerzhafte Geburt und „im Schweisse deines Angesichtes, sollst du dein Brot erwerben".

Das Gift der Schlange wirkt bis heute in allen Menschen. **Nur Gott kann uns reinigen und heilen, durch eine besondere Gnade.**

Die Einen, geniessen das Gift als Droge und kultivieren es in vielfachen Perversionen, **andere bitten den allmächtigen Vater, das Gift in uns, unschädlich zu machen.**

Trotz Erbsünde, haben die Menschen etwas Göttliches behalten dürfen: **Es ist der freie Wille.** Der freie Wille führt uns, gemäss unserer Gedanken und Werke, **in den Himmel oder in die Hölle.**

Wer sein Lebens lang, Gott nicht die gebotene Achtung und Liebe entgegen bringt, lebt mit Luzifer und hat seinen Willen nicht auf seinen Schöpfer gerichtet.

GOTT wollte die Nachkommenschaft bewirken, durch seine Liebe, die in uns lebt. Durch eine besondere Gnade, wurde die Gottesmutter ohne Erbschuld geboren. **Ohne sinnliche Begier, aber mit dem Herzschlag der Liebe Gottes, entstand Jesus, der Sohn Gottes, unter dem Herzen Mariens. Als Herr über die Elemente, wie ehemals Adam und Eva, konnte er in die Welt treten, ohne seine Mutter zu verletzen.**

In massloser Begierde zeugten Adam und Eva ihren Sohn Kain. In masslosen Schmerzen erfolgt die Geburt. Adam und Eva hatten die Herrschaft über die Elemente (schmerzlose Geburt) verloren; Kain wurde zum Mörder seines Bruders.

Luzifer und seine Dämonen waren und sind sehr erfolgreich, heute mehr denn je. Katharina Emmerich sagte, wenn die Dämonen stofflich wären, würde auf der Erde nicht wachsen, weil die Sonne die Erde nicht bescheinen könnte.

Gottes Strafen in einer Übersicht.

1. Der Zugang zum Himmel wurde verschlossen.*
2. Die Gerechten mussten in der Vorhölle auf ihre Erlösung warten.
3. Staub bist du, Staub sollst du werden. Wir müssen sterben.
4. Das Weib soll in Schmerzen gebären.
5. Der Mensch muss mit Mühe sein Brot verdienen.
6. Die Menschen entfernten sich von Gott und wurden zum Spielball der Dämonen.

- Jesaia 45.8 Tauet ihr Himmel.. und die Kirche kennt die Rorate Messe vor Weihnachten. Es gehört in den Bereich der Tradition, Die Kirche singt: „Tauet Himmel den Gerechten"

Die Sündflut -- die Bosheit der Menschen
Genesis 6. 1- 29

Als sich die Menschen über die Erde hin zu vermehren begannen und ihnen Töchter geboren wurde, sahen die Göttersöhne, wie schön die Menschentöchter waren, und sie nahmen sich von ihnen Frauen, wie es ihnen gefiel.

Da sprach der Herr: Mein Geist soll nicht für immer im Menschen bleiben, weil er auch Fleisch ist, daher soll seine Lebenszeit Hundertzwanzig Jahre betragen.

In jenen Tagen gab es auf der Erde die Riesen, und auch später noch, nachdem sich die Göttersöhne mit den Menschentöchter eingelassen und diese Kinder geboren hatten. Das sind die Helden der Vorzeit, die berühmten Männer.

Der Herr sah, dass auf Erden die Schlechtigkeit der Menschen zunahm und dass alles Sinnen und Trachten seines Herzens immer nur böse war.

Da reute es den Herrn, auf Erden den Menschen gemacht zu haben, und es tat seinem Herzen weh.

Der Herr sagte: Ich will den Menschen, den ich erschaffen habe, vom Erdboden vertilgen, mit ihm auch das Vieh, die Kriechtiere und die Vögel des Himmels, denn es reut mich, sie gemacht zu haben.

Nur Noach fand Gnade in den Augen des Herrn.

Noach war ein gerechter, untadeliger Mann unter seinen Zeitgenossen; er ging seinen Weg mit Gott.

Noach zeugte drei Söhne, Sem, Ham und Jafet.

Die Erde war in Gottes Augen verdorben, sie war voller Gewalt. Gott sah die Erde an: Sie war verdorben, denn alle Wesen aus Fleisch auf Erden, lebten verdorben. Gott sprach zu Noach:

„Mach dir eine Arche aus Zypressenholz! Statte sie mit Kammern aus, und dichte sie innen und aussen mit Pech ab!" So sollst du die Arche bauen:

„Dreihundert Ellen lang, fünfzig Ellen breit und dreissig Ellen hoch soll sie sein. Mache der Arche ein Dach und hebe es genau um eine Elle nach oben an! Den Eingang der Arche bringe an der Seite an! Richte ein unteres, ein zweites und ein drittes Stockwerk ein!"

Ich will nämlich die Flut über die Erde bringen, um alle Wesen aus Fleisch unter dem Himmel, alles, was Lebensgeist in sich hat, zu verderben. Alles auf Erden soll verenden.

Mit dir aber schliesse ich meinen Bund. Geh in die Arche, du, deine Söhne, deine Frau und die Frauen deiner Söhne! Von allem, was lebt, von allen Wesen aus Fleisch, führe je zwei in deine

Arche, damit sie mit dir am Leben bleiben; je ein Männchen und ein Weibchen soll es sein.

Nimm dir von allem Essbaren mit und leg dir einen Vorrat an! Dir und ihnen soll es zur Nahrung dienen.

Noach tat alles genau so, wie ihm Gott aufgetragen hatte.

7.1-5 Gott sprach zu Noach:

„Geh du mit deiner ganzen Familie in die Arche; denn ich habe dich allein unter diesem Geschlecht als gerecht vor mir befunden. Von allen reinen Tieren nimm dir je sieben, Männchen und Weibchen, und von den unreinen Tieren zwei, Männchen und Weibchen, auch von den Vögeln je sieben Männchen und Weibchen, damit Nachwuchs auf der ganzen Erde am Leben bleibe. Denn noch sieben Tage, dann lasse ich auf die Erde vierzig Tag und vierzig Nächteregnen und vertilge vom Erdboden alles Bestehende, was ich gemacht habe." Noach tat so, wie es Gott ihm befohlen hatte.

Die Flut

7.17-24 Nun ergoss sich die Flut vierzig Tage lang über die Erde. Das Wasser schwoll an und hob die Arche empor, so dass sie über der Erde schwamm. Und mächtig wurde das Wasser und wuchs gewaltig über der Erde. Die Arche aber fuhr auf dem Wasser dahin. Und immer mächtiger wurde das Wasser über der Erde. So dass alle hohen Berge unter dem ganzen Himmel bedeckt wurden. Fünfzehn Ellen hoch stand über ihnen das Wasser, so hoch waren die Berge bedeckt. Da kam alles Fleisch um, das sich auf der Erde regt, Vögel, Vieh, Wild, alles, was auf Erden wimmelt, und alle Menschen. Alles, was Lebensodem in seiner Nase hatte, alles, was auf dem Festland lebte, starb. So vertilgte er alles Bestehende, das auf der Erde war, vom Menschen bis zum Vieh, bis zum Gewürm und bis zu den Vögeln des Himmels. Sie wurden von der Erde vertilgt. Nur Noach blieb übrig und was mit ihm in der Arche war. Das Wasser stieg über die Erde hundertfünfzig Tage.

Die Erlösung der Gerechten durch Jesus Christus

Die Seelen der gerechten Verstorbenen, sammelten sich in den Grüften der Vorhölle und warteten ergeben auf die verheissene Erlösung, durch den Messias. Wenn die Wissenschaft keinen Fehler gemacht hat, sind seit dem Sündenfall, bis zur Geburt Jesu, 4.000 Jahre vergangen. Für Adam und Eva, und ihren gerechten Nachkommen, eine lange Zeit. Aber auch die Grosseltern von Jesus, Anna und Joachim, mussten in dem ungemütlichen Ort, ausharren. Die Frage der Erlösung hat die Theologen immer sehr beschäftigt. Martin Luther war der Meinung, durch den Kreuzestod des HERRN am Kreuz, wurden alle Menschen erlöst. Der HERR selbst hat in seinem Buch, DER GOTTMENSCH, diese Frage beantwortet. Band XII Seite 175.

Jesus sagt: "Schenkt mir eure ganze Aufmerksamkeit, denn ich muss euch ausserordentlich wichtige Dinge sagen. Ihr werdet sie noch nicht alle verstehen oder nicht ganz richtig verstehen. Aber er, der nach mir kommt, wird euch erleuchten. Hört mir also zu.

Niemand ist mehr als ihr davon überzeugt, dass der Mensch ohne Gottes Hilfe sehr leicht sündigt, da seine durch die Sünde geschwächte Verfassung sehr anfällig ist. **Ich wäre daher ein unkluger Erlöser, wenn ich, nachdem ich euch so viel gegeben habe, um euch zu erlösen, euch nicht auch die Mittel geben würde, um die Früchte meines Opfers zu bewahren.** Ihr wisst, dass die Leichtigkeit zu sündigen von der Erbsünde herrührt, die die Menschen der Gnade und daher auch ihrer Seelenstärke beraubt: **der Vereinigung mit Gott.**

Ihr habt gesagt: Aber du hast doch den Menschen die Gnade (der Erlösung) wiedergegeben" **Nein. Sie ist (nur) den Gerechten bis zu meinem Tod wiedergegeben worden. Um sie künftigen Menschen wieder zu geben, bedarf es eines Mittels. Eines Mittels, das nicht nur ein Ritual sein wird, sondern das alle, die es empfangen, wahrhaft zu Kindern Gottes machen wird. So wie Adam und Eva waren, deren von der Gnade belebten Seelen, erhabene Gnaden besassen. Die Gott seinen geliebten Geschöpfen geschenkt hatte**

Ihr wisst, was der Mensch besessen und was er verloren hat. **Nun sind durch mein Opfer, die Tore der Gnade wieder geöffnet, und der Strom der Gnade kann sich über alle ergiessen, die aus Liebe zu mir darum bitten.** Daher werden die Menschen die Eigenschaft haben, Kinder Gottes zu sein, durch die Verdienste des Erstgeborenen unter den Menschen, desjenigen, der zu euch spricht, eures Erlösers und ewigen Hohen Priesters, eures Lehrers und Bruder im gemeinsamen Vater. **In Jesus Christus und durch Jesus Christus werden die gegenwärtigen und die zukünftigen Menschen, den Himmel besitzen und sich in Gott, dem letzten Ziel des Menschen, erfreuen können. Bis**

jetzt konnte auch der Gerechteste der Gerechten dieses Ziel nicht erreichen, obwohl auch sie beschnitten waren als Kinder des auserwählten Volkes. Trotz ihrer von Gott anerkannten Tugenden und obwohl ihre Plätze im Himmel bereit waren, war dieser doch verschlossen und ihnen der Besitz Gottes verwehrt, da auf ihren Seelen, den gesegneten Blumenbeeten aller Tugenden, auch der verfluchte Baum der Erbsünde stand, und kein Werk, so heilig es auch war, ihn zerstören konnte; und weil man nicht in den Himmel eingehen kann mit den Wurzeln und dem Laub einer schädlichen Pflanze.

Am Rüsttag verstummte das Seufzen der Patriarchen und Propheten und aller Gerechten Israels, in der Freude der vollendeten Erlösung, und die Seelen, weisser als der Bergschnee durch ihre Tugenden, waren nun rein von dem einzigen Makel, der sie vom Himmel trennte. Aber das Leben auf der Welt geht weiter. Generationen kommen und gehen. Immer neue Völker werden zu Christus kommen. Und kann Christus für jede neue Generation sterben, um sie zu erlösen, oder für jedes Volk, das zu ihm kommt? Nein. Christus ist einmal gestorben und wird in Ewigkeit nicht mehr sterben. Sollen also diese Generationen, diese Völker durch mein Wort wissend werden, aber nicht den Himmel besitzen und Gott schauen dürfen, weil sie von der Erbsünde befleckt sind? Nein. Das wäre nicht gerecht, weder ihnen gegenüber, deren Liebe zu mir vergeblich wäre, noch mir gegenüber, der ich dann für viel zu wenig gestorben wäre.

Aber erinnert ihr euch, was ich an jenem Abend getan habe, obwohl ihr äusserlich schon rein wart? Ich habe mir ein Linnen Tuch umgebunden und euch die Füsse gewaschen, und zu einem von euch, der sich über diese erniedrigende Geste erregte, habe ich gesagt: „Wenn ich dich nicht wasche, wirst du keinen Anteil an mir haben". Ihr habe nicht verstanden, was ich damit sagen wollte, welchen Anteil ich meinte, welches Symbol dies war. Nun, so will ich es euch sagen.

Ich habe euch nicht nur gelehrt, dass Demut und Reinheit notwendig sind, um in das Himmelreich einzugehen und Anteil an meinem Reich zu haben. Ich habe euch nicht nur mit Güte darauf aufmerksam gemacht, dass Gott von einem Gerechten, der also reinen Geistes und Verstandes ist, einzig und allein eine letzte Waschung des Teils verlangt, der naturgemäss selbst bei den Gerechten am leichtesten verunreinigt wird, und sei es auch nur durch den Staub, den das notwendige Zusammenleben mit den Menschen auf den reinen Gliedern, dem Fleisch hinterlässt, sondern ich habe euch noch auf etwas anders hingewiesen. Ich habe euch die Füsse gewaschen, den untersten Teil des Körpers, der durch Schlamm und Staub, vielleicht auch durch Schmutz geht, und habe damit das Fleisch gemeint, den materiellen Teil des Menschen, der immer - ausser bei denen, die durch das Wirken Gottes oder die göttliche Natur frei sind vom Makel der Erbsünde – Unvollkommenheiten aufweist. Sie sind manchmal so klein, dass nur Gott sie sieht; trotzdem muss man über sie wachen, damit sie nicht wachsen und zur Gewohnheit werden, und man muss sie bekämpfen, um sie auszurotten.

Ich habe euch also die Füsse gewaschen. Warum? Bevor ich das Brotgebrochen und es mit dem Wein in mein Fleisch und Blut verwandelt habe. **Denn ich bin das Lamm Gottes und kann nicht dorthin kommen, wo Satan seine Spuren hinterlassen hat.** Deshalb habe ich euch zuvor gereinigt. Dann habe ich mich geschenkt. Auch ihr werdet durch die Taufe jene waschen, die zu mir kommen, **damit sie nicht unwürdig meinen Leib empfangen und dies für sie nicht zum furchtbaren Todesurteil werde**.

Ihr seid bestürzt. Ihr seht einander an. Eure Blicke fragen: „Und Judas?" Ich sage euch: **„Judas hat seinen Tod gegessen"**. Dieser höchste Akt der Liebe hat sein Herz nicht berührt. Der letzte Versuch seines Meisters ist am Stein seines Herzens abgeprallt, und dieser Stein trug anstelle des Taus, das furchtbare Siegel Satans eingemeisselt, das Zeichen des Tieres.

Ich habe euch also gewaschen, bevor ich euch zum eucharistischen Mahl zugelassen und das Bekenntnis eurer Sünden entgegengenommen habe, **bevor ich euch den Heiligen Geist eingegossen und euch damit als wahre Christen in der Gnade und als meine Priester bestätigt habe.** Und so soll es auch mit allen anderen geschehen, die ihr auf das christliche Leben vorbereitet werden.

Tauft mit Wasser im Namen des Einen und Dreieinen und in meinem Namen, damit durch meine unerschöpflichen Verdienste, die Erbschuld in den Herzen getilgt, die Sünden vergeben, die Gnaden und die heiligen Tugenden eingegossen werden und der Heilige Geist herabkomme und Wohnung nehmen kann, in den geweihten Tempel, die die Leiber der in der Gnade des Herrn lebenden Menschen sein werden. War das Wasser notwendig, um die Sünde zu tilgen? Das Wasser berührt die Seele nicht, nein. Aber ein nicht stoffliches Zeichen sieht der Mensch nicht, der in allen seinen Werken so auf die Materie bezogen ist. Auch ohne sichtbares Zeichen hätte ich das Leben eingiessen können.

Aber wer hätte es dann geglaubt? Wie viele Menschen können unerschütterlich glauben, auch wenn sie nicht sehen? Nehmt daher vom alten mosaischen Gesetz das reine Wasser, mit dem man die Unreinen wäscht, um sie, nachdem sie sich an einem Leichnam verunreinigt haben, wieder zu den Versammlungen zulassen zu können. In Wahrheit ist jeder Mensch, der geboren wird, verunreinigt, da er mit einer der Gnade gestorbenen Seele in Berührung kommt. Er muss also mit dem reinigenden Wasser von der unreinen Berührung gereinigt werden, um würdig zu werden, in den ewigen Tempel einzutreten.

Haltet das Wasser in Ehren…Nachdem ich gesühnt und durch dreiunddreissig Jahre mühsamen Lebens, das in der Passion seinen Höhepunkt erreichte, erlöst hatte, nachdem ich mein ganzes Blut für die Sünden der Menschen gegeben hatte, floss aus dem ausgebluteten und verbrauchten Leib des Märtyrers die heilsamen Wasser, die die Erbsünde abwaschen. Mit dem vollbrachten Opfer habe ich euch von diesem Makel erlöst. Wäre ich an der Schwelle des Lebens, durch eines meiner göttlichen Wunder vom Kreuz gestiegen, wahrlich, ich sage euch, durch das vergossene Blut hätte ich euch von euren Sünden gereinigt, aber nicht von der Erbschuld. Für sie war das bis zum Ende vollbrachte Opfer notwendig. Wahrlich, die heilsamen Wasser, von denen Ezechiel spricht, sind aus dieser meiner Seitenwunde geflossen. **Versenkt eure Seele in dieses Wasser, damit sie makellos daraus hervorgehen, um den Heiligen Geist zu empfangen.** Er wird im Gedenken an den Hauch, durch den der Schöpfer Adam eine Seele gab und ihn damit zu seinem Bild und Gleichnis machte, wieder in **den** Seelen der erlösten Menschen atmen und wohnen.

Tauft mit meiner Taufe, aber im Namen des dreieinigen Gottes; denn in Wahrheit sage ich euch, hätten der Vater nicht gewollt und der Geist nicht mitgewirkt, wäre das Wort nicht Fleisch geworden und es hätte keine Erlösung gegeben. Daher ist es gerecht und geziemend, dass der Mensch in der Taufe das Leben durch jene empfängt, die ihren Willen vereint haben, um es ihm zu geben: der Vater, der Sohn und der Heilige Geist, und dass der Getaufte von mir den Namen Christ empfängt, um diesen Ritus von den anderen, in der Vergangenheit und in der Zukunft zu unterscheiden, die zwar Riten sind, aber dem unsterblichen Teil kein unauslöschliches Zeichen aufprägen.

Und nehmt das Brot und den Wein, so wie ich es getan habe, und segnet, teilt und verteilt sie in meinem Namen; und die Christen sollen sich an mir sättigen. *Brot und Wein opfert dem Vater im Himmel und verzehrt sie dann zum Gedächtnis des Opfers*, das ich zu eurem Heil dargebracht und am Kreuz vollbracht habe. **Ihr meine Priester, sollt dies zu meinem Gedächtnis tun, damit die unerschöpflichen Schätze meines Opfers flehend zu Gott aufsteigen und wohltuend auf jene herabkommen, die mit festen Glauben darum bitten.**

Mit festem Glauben, sage ich, Es ist keine Wissenschaft nötig, um an der eucharistischen Speise und dem eucharistischen Opfer teilzuhaben. Nur Glaube! *Nur der Glaube daran, dass das Brot und der Wein, die einer, der von mir oder von denen, die nach mir kommen, bevollmächtigt ist* – ihr, du, Petrus, neuer Pontifex der neuen Kirche, du, Jakobus des Alphäus, du, Johannes, du, Andreas, du. Simon, du, Bartholomäus, du, Thomas, du, Judas Thaddäus, du Matthäus, du, Jakob des Zebedäus—*in meinem Namen segnet, mein wahrer Leib und mein wahres Blut sind;*

dass wer sie zur Speise und zum Trank erhält, mich mit Fleisch und Blut, Seele und Gottheit empfängt; dass wer mich aufopfert, wirklich Jesus Christus opfert, so wie er sich für die Sünden der Welt geopfert hat.

Ein Kind oder ein Unwissender kann mich ebenso empfangen wie ein Gelehrter oder ein Erwachsener. Und ein Kind und ein Unwissender werden den gleichen Nutzen von dem dargebrachten Opfer haben, wie jeder von euch ihn hat. **Es genügt, dass sie glauben und die Gnade des Herrn besitzen.**

Aber ihr werdet noch eine neue Taufe empfangen: Die Taufe des Heiligen Geistes. Ich habe ihn euch versprochen, und er wird euch gegeben werden. Der Heilige Geist selbst wird auf euch herabkommen. Ich werde euch sagen wann. Und ihr werdet von ihm erfüllt sein, in der Fülle der priesterlichen Gabe. Ihr werdet daher den Heiligen Geist, von dem ihr erfüllt sein werdet, weitergeben können, wie ich es bei euch getan habe, um die Christen in der Gnade zu festigen und ihnen die Gaben des Paraklet (Heiliger Geist in der Firmung) zu übermitteln.

Das königliche Sakrament, (Firmung) das dem der Priesterweihe nur wenig nachsteht, soll feierlich wie die mosaischen Weihen durch Auflegung der Hände und Salbung mit duftendem Öl, wie man es früher zur Weihe der Priester gebraucht hat, gespendet werden. Nein, schaut mich nicht so erschrocken an! Ich sage keine sakrilegischen Worte. Ich lehre euch keine sakrilegischen Werke! **Die Würde des Christen ist, ich wiederhole es, nur wenig geringer als die der Priester.**

Wo leben die Priester? Im Tempel. Und ein Christ wird ein lebendiger Tempel sein. Was tun die Priester? Sie dienen Gott durch Gebet, Opfer und Sorge um die Gläubigen. So wenigstens hätte es sein sollen…Und der Christ dient Gott durch Gebet, Opfer und brüderliche Liebe. Und ihr werdet das Bekenntnis der Sünden anhören, wie ich eure und die Sünden vieler angehört und verziehen habe, wenn ich wahre Reue gesehen habe.

Ihr seid beunruhigt? Warum? Fürchtet ihr, nicht unterscheiden zu können? Ich habe schon mehrmals über die Sünde und über die Beurteilung der Sünde gesprochen. Aber denkt daran, dass ihr bei der Beurteilung auf die sieben Bedingungen achten müsst, die etwas Sünde sein lassen oder nicht, und Sünde von unterschiedlichen Schwere. Ich fasse zusammen: Wann und wie oft wurde gesündigt; wer hat gesündigt; mit wem; welches war der Gegenstand der Sünde; welches die Ursache; warum wurde gesündigt.

Habt keine Angst. Der Heilige Geist wird euch beistehen. **Worum ich euch aus ganzem Herzen bitte, ist, dass ihr ein heiliges Leben führt**. Dieses wird das übernatürliche Licht in euch vermehren, dass ihr, ohne zu irren, in den Herzen der Menschen lesen und mit Liebe und Autorität zu den Sündern sprechen könnt, die sich scheuen, ihre Schuld aufzudecken. Oder sich weigern, sie zu bekennen und den Zustand ihrer Seele zu offenbaren; dass ihr den Schüchternen helfen und die Unbussfertigen demütigen könnt. Denkt daran, dass die Erde den, der vergibt, verliert und ihr sein sollt, was ich gewesen bin: gerecht, geduldig und barmherzig, aber nicht schwach. Ich habe euch gesagt: **Alles, was ihr auf Erden binden werdet, wird auch im Himmel gebunden sein, und was ihr auf Erden lösen werdet, wird auch im Himmel gelöst sein.** Deshalb sollt ihr in angemessener Überlegung jeden Menschen beurteilen, ohne euch von Zuneigung oder Abneigung, von Geschenken oder Drohungen beeinflussen zu lassen, unparteiisch in allen und gegenüber allen, wie Gott es ist, indem ihr auch die Schwächen des Menschen und die Nachstellungen seiner Feinde berücksichtigt.

Soweit die Lehre des HERRN an seine Aposteln und Jünger.

Der HERR sagte: **Um sie künftigen Menschen wieder zu geben, (die Gnade der Erlösung) bedarf es eines Mittels. Eines Mittels, das nicht nur ein Ritual sein wird, sondern das alle, die es empfangen, wahrhaft zu Kindern Gottes machen wird. Der Herr spricht vom hl. Messopfer.**

Er Sagte: Brot und Wein opfert dem Vater im Himmel und verzehrt sie dann zum Gedächtnis des Opfers.

Die Kirche Jesu Christi und die Auflehnung

Der Herr hat nach seiner Auferstehung Seine Kirche gegründet. Petrus wurde zum sichtbaren Oberhaupt berufen: **Du bist Petrus und auf diesen Felsen werde ich meine Kirche bauen und die Pforten der Hölle werden sie nicht überwältigen. Ich werde dir die Schlüssel des Himmelreichs geben; was du auf Erden binden wirst, das wird im Himmel gebunden sein, und was du auf Erden lösen wirst, das wird im Himmel gelöst sein.**

(Mt.16.18+19) Die Apostel wurden zu Bischöfen und die Jünger zu Priestern geweiht. Ihre Auftrag lautet: „**Gehet also hin und lehret alle Völker und taufet sie im Namen des Vaters und des Sohnes und des Heiligen Geistes, und lehret sie alles halten, was ich euch geboten habe. Und siehe, ich bin bei euch alle Tage bis ans Ende der Welt**". Mt. 28: 19-20

Luzifer, der Feind Gottes und seiner Geschöpfe tönte: "**Ich will mir die Erde erobern. Zuerst mache ich noch reiche Beute. Ich fülle mein Reich. Ich hole, wen ich holen kann, da dürft ihr euch darauf verlassen.**" (Anneliese Michel)

Warum gibt Gott Luzifer diese Macht? Braucht er ihn, um uns zu prüfen? Vielleicht! **Wir können Luzifer und seinen Dämonen nur widerstehen, wenn wir in der Gnade Gottes leben.**

„Selig ist der Mann, der die Anfechtung erduldet; denn nachdem er bewährt ist, wird er die Krone des Lebens empfangen, welche Gott verheißen hat denen, die ihn liebhaben". (Jakobus 1.12)

Die Liebe zu Gott, ist im erfolgreichen Kampf gegen die Dämonen unerlässlich. Um gegen die Dämonen zu kämpfen, hat er uns das Messopfer geschenkt. Für das Messopfer hat der HERR die Priestern, eingesetzt.

Mit der Bulle „Quo primum" vom 17.7.1570, wurde das Missale Romanum, vom hl. Papst Pius V. einheitlich und unwiderruflich, für die Kirche eingesetzt. Die Bulle endet mit der Warnung:

„Wenn aber jemand sich herausnehmen sollte, dies anzutasten, so soll er wissen, dass er den Zorn des Allmächtigen Gottes und Seiner Heiligen Apostel Petrus und Paulus auf sich ziehen wird.

Das Konzil von Trient lehrt:

„Wer sagt, in der Messe werde Gott kein wahres und eigentliches Opfer dargebracht, oder dass die Opferhandlung nichts anders sei, als dass Christus uns zur Speise gegeben werde der sei mit dem Anathema (Kirchenausschluss) belegt".

Der HERR lehrte seine Aposteln und Jüngern:

„ Nun sind durch mein Opfer, die Tore der Gnade wieder geöffnet, und der Strom der Gnade kann sich über alle ergiessen, die aus Liebe zu mir darum bitten"

Um die Lehre, die Riten und die Tradition für immer rein und unverfälscht zu erhalten wurde im Jahr 678, für die Päpste ein Arbeitsdokument, den Krönungseid der Päpste, erstellt. Der Krönungseid hat folgenden Wortlaut:

„Ich gelobe, nichts an der Überlieferung, nichts an dem, was ich von meinen gottgefälligen Vorgängern bewahrt vorgefunden habe, zu schmälern, zu ändern oder darin irgendeine Neuerung zuzulassen; vielmehr mit glühender Hingabe als ihr wahrhaft treuer Schüler und Nachfolger mit meiner ganzen Kraft und Anstrengung das überlieferte Gut ehrfurchtsvoll zu bewahren;. **Alles, was im Widerspruch zu der kanonischen Ordnung auftauchen mag, zu reinigen; die heiligen Canones und Verordnungen unserer Päpste gleichwie göttliche Aufträge des Himmels zu hüten, da ich mir bewusst bin, Dir, dessen Platz ich durch göttliche Gnade einnehme, Dessen Stellvertretung ich mit Deiner Unterstützung innehabe,**

strengste Rechenschaft, über alles, was ich bekenne, im göttlichen Gericht ablegen zu müssen.

Wenn ich es unternehmen sollte, in irgendetwas nach anderem Sinn zu handeln oder zulassen sollte, das es unternommen wird, so wirst Du mir an jenem furchtbaren Tag des göttlichen Gerichtes nicht gnädig sein.

Daher unterwerfen Wir auch dem Ausschluss des strengen Banne: wer es wagen sollte – seien es Wir selbst, sei es ein anderer – **irgendetwas Neues im Widerspruch zu dieser so beschaffenen evangelischen Überlieferungen und der Reinheit des orthodoxen Glaubens und der christlichen Religion zu unternehmen, oder durch seine widrigen Anstrengungen danach trachten sollte, irgendetwas zu ändern oder von der Reinheit des Glaubens zu unterschlagen, oder jenen zuzustimmen, die solch lästerliches Wagnis unternehmen."**

Der Krönungseid der Päpste wurde im Jahr 678 eingeführt und zunächst etwa 600 Jahre schriftlich, und dann bis zu Paul VI., im Konzil mündlich, abgelegt. Es handelt sich um ein Versprechen des Stellvertreters an das unsichtbare Oberhaupt der Kirche, Jesus Christus. Dieses Dokument sollte, sicherstellen, dass die göttlichen Lehren und Riten, unverändert, in Seiner Kirche, erhalten bleiben.

Luzifer war immer tätig. Sein Plan ist, das Priestertum und das Messopfer ausrotten. Erfolgreich war er mit dem Islam. Er konnte die christlichen Hochburgen in Nordafrika, in Spanien und in Palästina, mit dem Schwert, auslöschen. In Russland und

Deutschland gelang ihm eine Kirchenspaltung. Auch Päpste hatten den Auftrag des HERRN aus den Augen verloren.

Nun galt es: Ecrasez l'infâme, so lautete der Aufruf von Voltaires gegen die Kirche. Zermamlt die Niederträchtige. Gemeint sind das Priestertum und das Messopfer. Luzifer organisiert erfolgreich eine durchgehende Unterwanderung der Katholischen Kirche.

Am 24.6.1917 (Fatima Jahr und russische Revolution) forderten die Freimaurer auf dem Petersplatz: **„Satan muss im Vatikan regieren, der Papst sein Sklave sein"**

Am 28. Oktober 1958 war das Ziel erreicht. Kardinal Angelo Guiseppe Roncalli, wurde zum 261. Papst gewählt. Er nannte sich Johannes XXIII.

Gioele Magaldi, schreibt in seinem Buch, „La scoperta delle Ur-Lodges", dass Roncalli in zwei Logen, in Paris, eingeweiht war. „Er (Magaldi) bejubelte zum Beispiel das II. Vatikanische Konzil als die Erfüllung (beinahe) aller freimaurerischen Wünsche. Kein Wunder, meinte er selbst, denn es wurde ja von dem in zwei verschiedenen Ur-Logen eingeweihten Höchstgradfreimaurer, Angelo Roncalli alias Papst Johannes XXIII. vorbereit und einberufen.

Das Zweite Vatikanische Konzil, wurde am 11. Oktober 1962 eröffnet und am 8. Dezember 1965 geschlossen. Es wurde von Papst Johannes XXIII. mit dem Auftrag zu pastoraler und ökumenischer „instauratio" einberufen. Instauration bedeutet: Erneuerung, Ausbesserung, Wiederherstellung.

Eine Erneuerung war nicht erforderlich, denn der HERR hat seiner Kirche keinen neuen Auftrag gegeben. Der Auftrag des HERRN hatte sich nie geändert.

Mit der Abstimmung über die Religionsfreiheit, am 7.12.65, haben 2.400 Bischöfe. die Lehren von vier Päpsten verdammt. Das geltende Kirchenrecht über Häresie, wurde bei Seite gelegt. Bei Seite gelegt wurde auch der Krönungseid der Päpste, er verschwand ganz schnell aus allen Lehrbüchern. Die meisten „Kirchenväter" haben diesen Verrat unterstützt, wenige haben sich wirkungslos empört. **Keiner sprach von Häresie oder Exkommunikation.** Dieser Widerstand der Bischöfe, erinnert an die Prüfung der Engel. .

Jetzt, konnte man die entscheidenden Weichen stellen. Mit der Änderung der Bischofsweihe konnte man den Priesternachwuchs stoppen. Mit der Änderung des Messopfers, den Zugang zum Himmel wieder verschliessen. Was Luzifer bei Adam und Eva gelang, sollte ihm auch hier wieder gelingen.

Der HERR sagte: **Nun sind durch mein Opfer, die Tore der Gnade wieder geöffnet, und der Strom der Gnade kann sich über alle ergiessen, die aus Liebe zu mir darum bitten.**

Das musste Luzifer ändern. Seine bischöflichen Erfüllungsgehilfen sollen einen neuen Ritus erfinden, obwohl ein neuer Ritus, nach der Bulle Quo primun nicht erlaubt ist. Sie erfanden die „Gedächtnisfeier"

In der Gedächtnisfeier ist kein Opfer für den Vater vorgesehen. Sie darf auch kein Opfer sein, wenn das gewünschte Ziel erreicht werden soll; und so erklärt der Diakon nach der Wandlung:

„Deinen Tod oh Herr verkünden wir, deine Auferstehung preisen wir, bis du kommst in Herrlichkeit".

Das Konzil von Trient lehrt: **Wer sagt, in der Messe werde Gott kein wahres und eigentliches Opfer dargebracht, oder dass die Opferhandlung nichts anders sei, als dass Christus uns zur Speise gegeben werde der sei mit dem Anathema (Kirchenausschluss) belegt".**

Im Krönungseid gelobte der Papst:

„Daher unterwerfen Wir auch dem Ausschluss des strengen Banne: wer es wagen sollte – seien es Wir selbst, sei es ein anderer – irgendetwas Neues im Widerspruch zu dieser so beschaffenen evangelischen Überlieferungen und der Reinheit des orthodoxen Glaubens und der christlichen Religion zu unternehmen, oder durch seine widrigen Anstrengungen danach trachten sollte, irgendetwas zu ändern oder von der Reinheit des Glaubens zu unterschlagen, oder jenen zuzustimmen, die solch lästerliches Wagnis unternehmen."

Luzifer prahlte: "Wisst ihr, wer heute auf der Welt regiert? Nicht der, der sich auf der Welt geopfert hat! **Das bin ich!** Den ... (= Nazarener) haben die meisten verlassen. So blöd! Das ist eine kleine Herde, die ihm treu geblieben ist."

Ja, wir wissen und sehen es. Luzifer regiert die Kirche, die Politik, Fernsehen und Internet, die Presse, die Schulen, die Vereine, die Familien und die Erziehung, kurz, die ganze Welt.

Wir kennen auch das Kirchenrecht:

Canon 1364 § 1: „Der Apostat, der Häretiker oder der Schismatiker ziehen sich die Exkommunikation als Tatstrafe zu".

Es braucht kein Gericht, keine Anklage, der Schuldige zieht sich die Strafe der Exkommunikation selbst zu.

Canon 1374 : "Wer einer Vereinigung beitritt, die gegen die Kirche Machenschaften betreibt, soll mit einer gerechten Strafe belegt werden; wer aber eine solche Vereinigung fördert oder leitet, soll mit dem Interdikt bestraft werden".

Can. 1331 § 1. Dem Exkommunizierten ist untersagt:
1. jeglicher Dienst bei der Feier des eucharistischen Opfers oder bei irgendwelchen anderen gottesdienstlichen Feiern;

2. Sakramente oder Sakramentalien zu spenden und Sakramente zu empfangen.

Der Verrat der Kirche ist ungeheuerlich und unstrittig. Religionsfreiheit, Gedächtnisfeier, Krönungseid, Freimaurerei usw. usw. überall hat Satan seine Spuren hinterlassen und führt die Kirche an kurzer Leine.

Der HERR sagt: Das Lamm Gottes kann nicht dorthin kommen, wo Satan seine Spuren hinterlassen hat.

Jeder Gläubige kann jetzt leicht feststellen wo, die Kirche und die Priester stehen, und wo er selbst steht.

Mit unserem Geist können wir nicht nur sündigen, wir können auch wertvolle, gute Werke vollbringen. **Das Gebet.**

Wir sind nicht ohne Führung. Der HERR sagt: „**Worum ich euch aus ganzem Herzen bitte, ist, dass ihr ein heiliges Leben führt!**"

„**Versenkt eure Seele in dieses Wasser, ((Wasser aus der Seitenwurde) damit sie makellos daraus hervorgehen, um den Heiligen Geist zu empfangen**".

„**Es genügt, dass sie glauben und die Gnade des Herrn besitzen**".

„**Wer mich aufopfert, wirklich Jesus Christus opfert**",

„**Die Würde des Christen ist, ich wiederhole es, nur wenig geringer als die der Priester**".

Opfert also täglich mehrmals das Kostbare Blut für die Sünden der Welt und betet:

Vater im Himmel, ich opfere dir auf, den Leib und das Blut, die Seele und die Gottheit, unsers Herrn Jesus Christus, als Sühne für meine Sünden und die Sünden der ganzen Welt.

Nimm Vater dieses Opfer auch an, mit jedem Schlag meines Herzens, als ein immerwährendes Sühneopfer, für die Bekehrung der Sünder, die Errettung der Sterbenden die Erlösung der armen Seelen im Fegefeuer und verbanne den Satan und alle bösen Geister in die Hölle.

Lass uns die beleidigende und geschmähte Majestät Gottes anbeten. Lass uns die vielen Sünden sühnen.

Unendlich heiliger Gott... unendlich barmherziger Vater! Ich bete Dich an. Ich möchte die Schmach sühnen, die Dir überall auf Erden und in jedem Augenblick des Tages und der Nacht von den Sündern zugefügt wird. Lass mich vor allem für die Beleidigungen und Sünden genugtun, die in dieser Stunde begangen werden. Ich bringe Dir die Anbetung und Sühne jener Seelen dar, die Dich lieben. Ich opfere Dir vor allem das immerwährende Opfer Deines göttlichen Sohnes auf. Der sich auf der ganzen Welt und in jedem Augenblick auf unseren Altären darbringt. Unendlich guter und milder Vater! Nimm das reinste Blut Jesu Christi auf zur Sühne für die Beleidigungen des Menschen: tilge ihre Sünden und erweise ihnen Barmherzigkeit.

Der tägliche Rosenkranz ist ein unerlässliches, starkes Hilfsmittel.

Fatima

Die Gottesmutter sagte am **13.7.1917 in Fatima** zu den Seherkindern: „Ihr habt die Hölle gesehen, auf welche die armen Sünder zugehen. Um sie zu retten, will der HERR die Andacht zu meinem Unbefleckten Herzen in der Welt einführen. Wenn man tut, was ich euch sage, werden viele Seelen gerettet und der Friede wird kommen. Der Krieg geht seinem Ende entgegen; aber wenn man nicht aufhört den HERRN zu beleidigen, wird nicht lange Zeit vergehen, bis ein neuer, noch schlimmerer, beginnt; es wird das während des Pontifikates Pius XI., geschehen. Wenn ihr dann eines Nachts ein unbekanntes Licht sehen werdet, so wisset, es ist das Zeichen von GOTT, dass die Bestrafung der Welt für ihre vielen Verbrechen nahe ist: Krieg, Hungersnot und Verfolgung der Kirche und des Heiligen Vaters.

Um das zu verhindern, will ich (kommen und) bitten, Russland meinem Unbefleckten Herzen zu weihen und die Sühnekommunion am ersten Samstag des Monats einzuführen.
Wenn man meine Bitte erfüllt, wird Russland sich bekehren und es wird Friede sein. Wenn nicht wird es (Russland) seine Irrtümer in der Welt verbreiten, Krieg und Verfolgungen der Kirche hervorrufen; die Guten werden gemartert werden, der Heilige Vater wird viel zu leiden haben; mehrere Nationen werden vernichtet werden....**Am Ende wird mein Unbeflecktes Herz triumphieren, der Heilige Vater wird mir Russland, das sich bekehren wird, weihen und der Welt wird einige Zeit des Friedens geschenkt werden".**
Auszug aus: "Maria spricht zur Welt" von Prof. Dr. L. Gonzaga da Fonseca, 1963, Seite 45

Am **13.6.1929, 10 Jahre vor dem 2.** Weltkrieg, schreibt Schwester Lucia in Tuy: „Unsere Liebe Frau hat gesagt: Seite 196:

„Es ist der Zeitpunkt gekommen, in dem nach dem Wunsch des HERRN, der Heiligen Vater in Vereinigung mit allen Bischöfen der Welt, die Weihe Russlands an mein Unbeflecktes Herz vornehmen sollte; dafür verspricht er, es durch dieses Mittel zu retten".

Unbegreiflich, die Bitte des HERRN, überbracht von der Gottesmutter, der Königin der Kirche, wurde von Papst Pius XI. 1922 bis 1939, nicht erfüllt.

Eine Bekehrung Russlands, hätte ein Werk Satans zerstört, die Orthodoxen mit den Christen vereint und „**der Welt wird einige Zeit des Friedens geschenkt**".
Das Gegenteil trat ein, es gab den 2. Weltkrieg, die Strafe, die von der Gottesmutter in Fatima angedroht wurde. Satan regiert die ganze Welt. Die Welt liegt in einer satanischen Lähmung.
Was kann man zu der Weihe Russlands, durch Franziskus, vom 25.3.2022, sagen?
Was hat die Gottesmutter in Fatima zu den Kindern gesagt?

Am Ende wird mein Unbeflecktes Herz triumphieren und der Heilige Vater wird mir Russland weihen.
Sie sprach von zwei Ereignissen, die am „Ende" eintreffen werden.
   1. **Ereignis:** Am Ende wird mein Unbeflecktes Herz triumphieren.
   2. **Ereignis**: Der Heilige Vater wird mir Russland weihen.

Nach dieser Aussage der Gottesmutter, kommt zuerst der Triumph des Unbefleckten Herzens und erst danach kommt die Weihe Russlands.

Worüber könnte die Gottesmutter, in den letzten 100 Jahren, triumphieren? Rom hat den Glauben verloren, die katholische Kirche des HERRN ist zu einer Sekte verkommen, die mit dem göttlichen Bannfluch belegt ist.
Das alles ist kein Grund zum Triumphieren. Die Gottesmutter wünschte die Weihe Russlands vom **Heiligen Vater** in Vereinigung mit allen **Bischöfen** der Welt.

Am 25.3.2022 versammelten sich in Rom die Konzilssekte, die mit dem göttlichen Bannfluch belegt ist. Eine Sekte hat weder einen Heiligen Vater noch Bischöfe.

Die Katholiken sind ohne priesterliche Führung. Können die wenigen Gläubigen, erfolgreich gegen Satan kämpfen oder muss der HERR selbst eingreifen, um die alte, tridentinische Ordnung wieder herzustellen?
Wenn wir unsere Gleichgültigkeit ablegten und in der Gnade Gottes, unsere Kräfte bündeln würden, könnten wir mit Gottes Hilfe rechnen und den Kampf gewinnen. Ohne die Gnade Gottes, werden wir von Luzifer gelähmt sein. Es liegt in unseren Händen. Die tägliche Aufopferung des Kostbaren Blutes und der Rosenkranz können helfen.